AF391322

TABLEAUX

SCULPTURES ET BRONZES

MODERNES

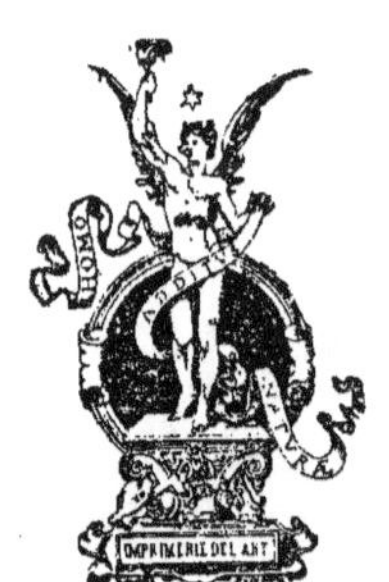
IMPRIMERIE DEL ART

CATALOGUE

DES

TABLEAUX MODERNES

PAR

GÉROME, HENNER, J. LEFÉBVRE, TANZI, ETC., ETC.

OBJETS D'ART

BISCUITS DE SÈVRES — ÉMAUX — ARMES

STATUETTES ET PLAQUETTES

EN OR ET ARGENT

MARBRES ET BRONZES

PAR

AIMÉ MILLET, BARRIAS, CARRIER-BELLEUSE, FALGUIÈRE, GÉROME,
GRANDHOMME, ROTY, SAINT-MARCEAUX, ETC., ETC.

Dont la vente, après décès de M. E. CORROYER

MEMBRE DE L'INSTITUT

AURA LIEU

HOTEL DROUOT, SALLE N° 11
LE VENDREDI 22 AVRIL 1904

à 2 heures 1/4

COMMISSAIRE-PRISEUR

Mᵉ LÉON TUAL, 56, rue de la Victoire

EXPERTS

Pour les Tableaux :	*Pour les Objets d'art :*
MM. CHAINE et SIMONSON	**MM. MANNHEIM**
19, rue Caumartin	7, rue Saint-Georges

EXPOSITION PUBLIQUE

Le Jeudi 21 Avril 1904, de 1 heure 1/2 à 5 heures 1/2

CONDITIONS DE LA VENTE

Elle sera faite au comptant.

Les acquéreurs paieront *dix pour cent* en sus des prix d'adjudication.

L'exposition mettant le public à même de se rendre compte de l'état et de la nature des objets, il ne sera admis aucune réclamation, une fois l'adjudication prononcée.

Nota. — On commencera la vente par les tableaux.

Paris. — Imp. de l'Art, E. Moreau et Cⁱᵉ, 41, rue de la Victoire.

DÉSIGNATION

TABLEAUX MODERNES

BOUFFLET (A.)

1 — *Intérieur.*

Salon de 1899.
Signé à gauche.

Toile. Haut., 65 cent.; larg., 81 cent.

DESVALLIÈRES (G.-O.)

2 — *Allégorie.*

Signé en haut à gauche.

Bois. Haut., 41 cent.; larg., 22 cent.

GÉROME (J.-L.)

3 — *Léda.*

Sur les eaux d'une rivière ombragée, Jupiter, sous
la forme d'un Cygne accompagné par les Amours,
se présente à Léda qui lui tend les bras.
Signé à droite.

Toile. Haut., 84 cent.; larg., 74 cent.

GÉROME (J.-L.)

4 — *Baigneuse dans la piscine de Brousse.*

Signé en bas à droite.

Toile. Haut., 33 cent.; larg., 24 cent.

GOSSELIN (A.)

5 — *Clair de Lune.*

Signé à droite.

Toile. Haut., 46 cent.; larg., 61 cent.

HENNER (Jean-Jacques)

6 — *Nymphe des forêts.*

Signé en bas à droite.

Toile. Haut., 55 cent.; larg., 33 cent.

INCONNU

7 — *Étude de paysage.*

8 — *L'Enterrement sur le champ de bataille.*

LANSYER (E.)

9 — *Abbaye du Mont-Saint-Michel.*

Pont fortifié allant du logis abbatial à l'église, vu de la salle des Gardes.

Signé en bas à gauche.

Toile. Haut., 65 cent.; larg., 44 cent. 1/2.

LECOUTEUX (LIONEL)

10 — *Eau-forte.*

D'après R. COLLIN.

LEFEBVRE (JULES)

11 — *Nymphe des fontaines.*

Signé en bas à droite.

Bois. Haut., 29 cent. 1/2; larg., 18 cent.

MAZEROLLE (J.-A.)

12 — *La Source.*

Signé en bas à gauche.

Toile. Haut., 58 cent.; larg., 20 cent.

MOREL-FATIO

13 — *Trois-mâts.*

Dessin à la plume, rehaussé de blanc.

TANZI (LÉON)

14 — *Saulaie.*

Salon 1898.
Signé à gauche.

Pastel. Haut., 49 cent.; larg., 63 cent.

15 — Sous ce numéro : deux lithographies en couleurs, une photographie au charbon, d'après HENNER. (Division.)

CÉRAMIQUE

16 — Figurine en biscuit de Sèvres : Femme nue, les bras croisés derrière le dos.

17 — Statuette en biscuit de Sèvres : Nania, de *Théodore Rivière*.

18 — Statuette en biscuit de Sèvres : la Pudeur.

19 — Statuette en biscuit de Sèvres : Après le bain, de *Théodore Rivière*.

20 — Statuette en biscuit de Sèvres : la Danse, de *Félix Charpentier*.

21 — Statuette en terre vernissée : Bacchante faisant une offrande, de *Louis Carrier-Belleuse*.

ÉMAUX

22 — Plateau en cuivre émaillé, décor de fleurs dans un motif rayonnant à balustres avec légende latine sur la bordure. Première épreuve de *Grandhomme et Garnier. Maison Falize, 1892.*

23 — Plaque en émail peint : Diane, de *Grandhomme, 1898.*

24 — Plaque en émail peint : la Musique, de *Grand-homme*.

25 — Plaque en émail peint : Femme nue, de *Grandhomme* et *Garnier*, d'après *Galland*.

26 — Petite plaque en émail peint : Andromède, de *Grandhomme, 1898*.

27 — Médaillon en émail peint : Atalante, de *Grand-homme*.

28 — Médaillon en émail peint : Jeune Femme assise, de *Grandhomme*.

29 — Plaque en émail peint : Femme nue étendue, de *Grandhomme, 1899*.

30 — Plaque en émail peint : Jeune Femme nue debout au bord de l'eau, de *Grandhomme, 1899*.

31 — Plaque en émail peint : Ève, de *A. Serre, 1885. Maison Barbedienne*.

32 — Plaque en émail peint : Hébé, de *A. Serre, 1885. Maison Barbedienne*.

ARMES

33 — Petit coutelas oriental.

34 — Pulvérin persan en métal.

35 — Pulvérin oriental, en forme d'oiseau, en corne.

36 — Petite trompe de chasse (?) en cuivre gravé. Travail persan.

37 — Petite trompe orientale : couteaux dans une gaine de cuivre.

38 — Poignard oriental, avec fourreau de cuivre.

39 — Poignard courbe persan, poignée en ivoire de morse, à figures. Fourreau en cuivre et argent.

40 — Coupe-coupe dahoméen.

41 — Kris malais avec fourreau.

42 — Petit sabre et petit stylet japonais.

43 — Pulvérin en cuir gaufré à gros godrons. XVIe siècle.

44 — Tromblon à silex : fût et crosse de bois sculpté. XVIIIe siècle.

45 — Paire de pistolets à silex. XVIIIe siècle.

46 — Deux navajas.

47 — Trois poignards.

STATUETTES ET PLAQUETTES
EN OR ET ARGENT
OBJETS DIVERS

48 — Statuette en argent, fonte à cire perdue : L'Ar-
chéologie, de *Cordonnier*, *Maison Bingen*.
Haut , 50 cent.

49 — Statuette en argent : La Bacchante, de *Barrias. Maison Bingen*.
Haut., 83 cent.

50 — Statuette en argent : La Danse, de *Barrias*
1896.

51 — Figurine en argent : Femme nue se coiffant, de
Caron. Base en marbre.
Haut., 20 cent.

52 — Plaquette en or, de *Daniel Dupuis :* le Nid.

53 — Plaquette en or, de *Daniel Dupuis :* la Source.

54 — Plaquette en or, de *Roty :* la mort de Car-
not.

55 — Très petit bas-relief en or : le crabe et la si-
rène, de *Rault*.

56 — Très petit bas-relief en or : le Réveil de Vénus,
de *Rault*.

57 — Très petit bas-relief en or : Joueuse de luth.

58 — Très petit bas-relief rectangulaire en or : Son-
neur de conque.

59 — Médaille en or : Tête de femme ; R̃. : les Trois
Grâces, légendes grecques.

60 — Peigne garni d'or, à decor de feuilles de chêne,
de *Lecoulteux*.

61 — Petite boite longue en or émaillé, ornée, sur
le couvercle, d'une femme nue étendue, de
Grandhomme.

62 — Six plaquettes, argent, de *Roty*, *Lechevrel*,
Legastelois, etc.

63 — Neuf médailles en argent et bronze, de *Yen-
cesse*, *Niclausse*, *Levillain*, *Daniel Dupuis*, etc.

64 — Coquille, ornée d'une figure de femme nue,
assise, en argent, de *Burdy*.

65 — Cafetière russe en argent, avec sa lampe.

66 — Broc en verre et métal. *Maison Christofle.*

67 — Carquois en bois sculpté et peint, surmonté d'une figure équestre, avec la date : *anno 1737,* et le nom *Jacobus de Nys.* XVIIIe siècle.

68 — Statuette en plomb : la Jeunesse, d'*Antonin Carlès. Maison Siot-Decauville.*

69 — Statuette d'ange en bois peint, avec vêtements de soie. Ancien travail italien.

70 — Tapis oriental en satin rose brodé de métal, à fleurs.

SCULPTURES

71 — Statuette en marbre blanc : le Printemps, de *Barrias.*

Haut., 47 cent.

72 — Statuette en marbre blanc : Diane, de *Carrier-Belleuse.*

Haut., 70 cent.

73 — Statuette en marbre blanc : Ève, de *P. Guilbert, 1886.*

Haut., 1 m. 8 cent.

74 — Statuette en pierre lithographique : Ève, de *Barrias.*

Haut., 50 cent.

75 — Bas-relief : Composition allégorique. Pierre lithographique, de *Barrias*. Cadre en bronze.

Larg., 46 cent.

76 — Statuette en terre cuite : Jeune Fille et colombes, de *Carrier*.

77 — Vasque en terre cuite, de *Chéret :* les Papillons.

78 — Statuette en ivoire et bronze : Ève avant le pécher, de *Barrias*.

Haut., 60 cent.

79 — Statuette en ivoire : Femme nue, de *Scailliet*. *Maison Vever*.

Haut., 27 cent.

80 — Statuette en ivoire : Ève, de *Caron, 1899*. Base en lapis et argent.

Haut., 33 cent.

81 — Figurine en ivoire : Femme nue debout.

82 — Figurine en ivoire : Femme nue debout, les bras croisés sur la tête.

83 — Statuette en composition : danseuse nue.

84 — Torse de femme en plâtre.

BRONZES

85 — Bas-relief en bronze : personnage endormi, de *Roger Bloche*. Rome. 1897.

86 — Groupe en bronze : Bacchante et petit bacchant, de *Gérome*.

87 — Statuette en bronze : Baigneuse, de *Gérome*.

88 — Statuette en bronze : Danseuse, de *Falguière*.
Haut., 45 cent.

89 — Statuette en bronze, à patine rougeàtre : Nymphe chasseresse, de *Falguière*. *Maison Thiébaut*.
Haut., 42 cent.

90 — Statuette en bronze : Diane, de *Falguière*.
Haut., 45 cent.

91 — Statuette en bronze : Junon, de *Falguière*. *Maison Thiébaut*.
Haut., 53 cent.

92 — Statuette en bronze argenté : Femme nue, de *Falguière. Maison Goupil*.
Haut., 38 cent.

93 — Statuette en bronze vert : Salomé, de *Marius Vallette*.
Haut., 58 cent.

94 — Statuette en bronze : Ariane, d'*Aimé Millet*.

Haut., 35 cent.

95 — Statuette en bronze : Arlequin, de *Saint-Mar-ceau*. *Maison Barbedienne*.

Haut., 65 cent.

96 — Statuette en bronze : Joueuse de luth, d'*Albert Lefeuvre*. *Maison Siot-Decauville*.

97 — Statuette en bronze : Figure allégorique, de *Masseau*. *Maison Siot-Decauville*.

98 — Statuette en bronze, à patine rougeâtre : Joueuse de cymbales, d'après *Marin*.

99 — Vase en bronze vert : Les Grenouilles, de *Chéret*.

100 — Bas-relief en bronze : Portrait de Madame Réjane.

101 — Statuette en bronze argenté : La Diane, de *Houdon*. *Maison Barbedienne*.

Haut., 20 cent.

102 — Coffre-fort de *Haffner*.